THE HISTORY 한국사 인물 8

장영실

THE HISTORY 한국사 인물 8
장영실

펴낸날 2025년 11월 5일 1판 2쇄
펴낸이 강진균
글 장경호
그림 이미정
편집·디자인 편집부
마케팅 변상섭
제작 강현배
펴낸곳 삼성당
주소 서울시 강남구 선릉로 747 삼성당빌딩 9층
대표 전화 (02)3443-2681 **팩스** (02)3443-2683
출판등록 1968년 10월 1일 제2-187호
ISBN 978-89-14-02087-1 (73990)

본 저작물은 저작권법에 따라 보호를 받는 책이므로 무단 전재와 무단 복제를 금합니다.
※ 파본은 바꾸어 드립니다.

THE HISTORY 한국사 인물 8

장영실

차례

외로운 아이 …………………………… 11

뛰어난 손재주 …………………………… 31

세종대왕의 부름을 받아 …………………… 54

새로운 금속 활자 ………………………… 80

세계 최초의 측우기 …………………………… 103

장영실의 생애 ………………………………… 121

장영실 …………………………………………… 122

외로운 아이

"오늘도 늦으셨군요. 어머니는 왜 다른 아이들 어머니처럼 집에 계실 수 없나요?"

어린 장영실은 밤늦게 집으로 돌아온 어머니를 보는 순간 와락 설움이 북받쳤다.

"아니, 그게 무슨 말이냐?"

어머니는 갑작스러운 장영실의 물음에 무척 당황해하며 가만히 눈치를 살폈다.

"너, 오늘 낮에 무슨 일이 있었니……?"

그러나 장영실은 가볍게 고개만 가로저을 뿐, 꼭 다문 입술을 더 이상 열지 않았다.

아니, 슬픔에 겨운 장영실의 기분으로는 도저히 다른 말을 할 수가 없었다.

장영실은 조용히 어머니의 얼굴을 올려다보았다.

'어머니……'

마음속으로 어머니를 불러 본 장영실은 가슴이 뭉클해졌다. 그렇게 보고 싶었던 어머니의 얼굴이 달빛 때문에 더욱 핼쑥해져 애처롭게 보였다.

"어린애같이 대체 왜 그러니?"

어머니는 아들의 마음을 몰랐다. 그래도 장영실은 마냥 좋았다. 어머니와 함께 있을 수만 있다면 이 세상에 부러울 게 하나도 없을 것 같았다.

"쟤가 영실이지?"

"맞아. 관기*의 아들인 영실이야."

낮에 아이들이 노는 모습을 물끄러미 바라보고 있던

장영실의 귀에 사람들의 쑥덕거리는 소리가 들려왔다.

"그럼, 쟤도 곧 관가에 노비로 들어가겠군."

"어쩔 수 없는 일이지. 관가에 딸린 천민의 자식은 누구나 열 살만 되면 관가의 노비가 되어야 하니까."

"저 아이의 손재주가 보통이 아니라던데……."

"그럼 뭘 하나? 그 재주를 썩히는 것이 아깝기는 하지만, 기생의 아들로 태어난 게 잘못이지."

사람들은 자기들의 말을 장영실이 듣고 있는 줄 몰랐다.

장영실은 열 살이라는 말에 깜짝 놀라 얼른 손가락을 꼽아 보았다. 안타깝게도 관가에 노비로 들어가야 할 날짜가 얼마 남아 있지 않았다.

장영실은 어머니와 헤어져 살아야 한다고 생각하자 가슴

관기

기생이란 노래와 춤을 배워 술자리에 나가서 흥을 돋우는 것을 업으로 삼던 여자를 말하는데 특히 관아에 딸려 가무 탄금을 하던 기생을 관기라 일컬었다. 관기는 그 딸 역시 어머니의 역할을 이어받는 것이 원칙이었다.

조선 시대의 기생들

이 마구 뛰었다. 그로서는 도저히 생각할 수도 없는 일이었다.

'아, 어머니!'

장영실은 눈물이 핑 돌아 도저히 그 자리에 있을 수가 없었다.

그 당시 백성들에게는 양반과 상민, 그리고 천민이라는 세 가지 신분이 있었다. 양반은 글을 배우고 과거를 보아

〈호패〉
조선시대 16세 이상의 남자에게 발급했으며 신분에 따라 다르게 제작되었다.

벼슬을 할 수 있었으나 상민과 천민은 마음 놓고 글을 배울 수조차 없었다.

아무리 재주가 뛰어나고 똑똑해도 소용없었다. 벼슬길에 오른다는 것은 감히 생각할 수도 없는 일이었다.

그래서 양반들은 상민과 천민을 우습게 보고 사람 대접도 해 주지 않았다.

그중에도 장영실이 겪는 차별은 더욱 심했다. 기생의 아들로 태어났기 때문에 아이들도 같이 놀아 주지 않았다.

어디에서나 장영실은 지나치다고 생각될 정도로 놀림을

받으며 천민의 서러움을 뼈저리게 느껴야 했다. 그래서 그는 늘 혼자일 수밖에 없었다.

"영실이 아버지는 원나라에서 온 사람이라고 하던데……."

"나도 자세히는 모르지만, 원나라의 소항주 사람이라는 말을 들었어."

"무슨 기술자라는 소문도 있더군."

북받치는 설움을 안고 집을 향해 달려가는 장영실의 귀에 사람들의 말소리가 아련하게 들려왔다.

장영실은 낮에 있었던 일을 떠올리며 어머니의 얼굴에서 눈길을 떼지 않았다.

"아무래도 오늘 무슨 일이 있었나 보구나?"

어머니는 아들의 표정이 여느 날 같지 않다는 생각이 들어 다시 물었다.

"아녜요, 어머니. 혼자 있는 게 너무 심심해서 그래요."

"심심하다고?"

어머니는 장영실의 말에 가슴이 철렁 내려앉는 듯했다. 그러나 아무 내색도 할 수 없었다.

"밖에 나가서 아이들하고 같이 놀면 되지 않니? 엄마는 관가에 나가지 않을 수 없어……."

"아이들이 마구 놀리면서 저와 놀아 주지 않아요."

어머니는 버럭 소리를 지르며 품속으로 파고드는 장영실의 모습에 가슴이 찢어지는 듯 아팠다.

마음을 다친 아들에게 과연 무슨 말을 해 줘야 할지 얼른 생각이 나지 않았다. 그저 눈물을 삼키며 아들을 따뜻하게 안아 줄 뿐이었다.

어머니는 곰곰이 생각하다가 한참 만에야 말을 꺼냈다.

"영실아, 그럼 네가 좋아하는 것을 집에서 만들어 보렴. 넌 무엇이든지 만드는 것을 좋아하잖니?"

"아하!"

장영실은 어머니의 말에 정신이 번쩍 들었다. 얼마 안 있으면 어머니와 헤어져 살아야 한다는 생각도 그 순간만은 잊어버린 듯했다.

"와! 재밌겠구나!"

"후후, 녀석도 참……."

장영실은 그때부터 무엇이든 더 열심히 만들었다. 자기가 갖고 놀 장난감은 물론이고, 눈에 띄는 이상한 게 있으면 똑같이 모방해 보았다.

  장영실은 집에서 혼자 여러 가지 물건들을 살펴보며 새로운 것을 만드는 데 재미를 붙였다.

  같이 놀아 줄 친구들이 없는 장영실에게는 그것이 단 하나뿐인 즐거움이었다.

  '이건 어떻게 만들어졌을까?'

  장영실은 눈에 띄는 것마다 어떻게 만들어졌고, 어떻게 쓰이는지 꼼꼼히 살펴보았다. 그 구조나 이치를 알아내야만 속이 시원했던 것이다. 그리고 자기 나름대로 무엇인가를 만들어 보기 위해 연구를 게을리하지 않았다.

  그러던 어느 날, 혼자 집에 있던 장영실은 바람을 쐬러 강둑으로 나갔다.

  '쟤들이 저기서 뭘 하는 거지?'

  강둑 아래에서 놀고 있는 아이들을 발견한 장영실은 가만히 그 모습을 지켜보았다. 아이들은 그곳에서 모래로 열

심히 집을 짓는 중이었다.

또 다른 아이들은 위쪽에서 모래로 둑을 만들어 물을 막고 있었다. 모두 신바람이 났는지 장영실이 내려다보는 줄도 몰랐다.

모래로 집을 짓는 아이들은 손으로 힘껏 다독이며 성처럼 높이 쌓아 갔다.

그러나 위쪽에 있는 아이들이 둑을 허물자, 그 집은 거센 물살에 휩쓸려 순식간에 무너져 버렸다.

"야, 우리가 이겼다! 너희들이 아무리 튼튼하게 집을 지어도 소용없어. 또 해 볼래?"

위쪽에서 둑을 쌓던 아이들이 뽐내듯 팔을 흔들며 소리쳤다.

"좋아, 다시 해 보자!"

모래로 집을 짓던 아이들은 머리를 맞대고 다시 쌓기 시작했다.

이번에는 자갈까지 섞어 가며 더욱 튼튼하게 만들었다.

그러나 그 광경을 지켜보던 장영실은 머리를 가로저었다.

"어, 저렇게 쌓으면 안 되는데…….”
"자, 간다!”
장영실의 생각대로 모래로 만든 집은 다시 무너져 내렸다.
장영실은 보다 못해 아이들이 놀고 있는 강둑 아래로 내려갔다.
"얘들아, 그렇게 쌓으면 소용없어. 내가 무너지지 않게 쌓는 방법을 알려 줄까?”
"뭐라고?”
장영실이 말을 건네며 다가가자 집이 무너져 잔뜩 화가 나 있던 아이들이 눈을 부릅뜨고 노려보았다.
"기생 아들 주제에 뭘 안다고 까불어!”
"흥, 주제를 알아야지.”
아이들은 장영실을 거들떠보지도 않았다.
"집을 그렇게 똑바로 세워 쌓으면 금세 무너져. 약한 물살이라도 견디기 힘들거든…….”
무너져 버린 집을 가리키며 장영실은 아이들 곁으로 더 바짝 다가갔다.

"이 기생 아들이 우리를 약 올리는군. 너 혼 좀 나 봐라!"

한 아이가 장영실의 멱살을 움켜잡고 모랫바닥에 내팽개쳤다. 그러자 곁에 있던 아이들까지 덤벼들어 장영실은 꼼짝없이 얻어맞기만 했다.

"무너지지 않게 모래로 집을 짓는 법을 가르쳐 주려고 했는데, 흑흑흑……."

모랫바닥에 쓰러진 장영실은 더 이상 아무 말도 못 했다.

"그럼, 한번 쌓아 봐. 만일 무너지면 가만두지 않을 거야!"

멱살을 잡았던 아이가 윽박지르듯이 말했다.

"무너지지 않으면 너희들과 같이 놀게 해 줄래?"

"하여튼 집이나 지어 봐."

장영실은 신바람이 났다. 집만 잘 지으면 아이들하고 놀 수 있다는 생각에 저절로 힘이 솟았다.

장영실은 열심히 모래로 집을 만들었다.

밑은 넓게 만들고 위로 갈수록 좁게 쌓은 다음, 집 아래로는 물이 흘러갈 수 있게 도랑까지 팠다.

장영실을 둘러싼 아이들은 그의 행동을 지켜보았다. 잠

시 후, 장영실이 위쪽의 아이들을 향해 소리쳤다.

"이젠 됐어. 둑을 허물어 봐!"

"간다!"

그러자 둑 안에 가득 괴어 있던 물이 봇물 터지듯 쏟아져 내려왔다.

"성공이다!"

그렇지만 장영실이 만든 집은 아무렇지도 않았다. 단지 물살이 스쳐 지나간 자리만 조금 패었을 뿐이었다.

"와, 거 참 신기하네!"

"어떻게 이럴 수가 있지?"

집을 짓던 아이들은 기뻐하며 그 자리에서 펄쩍펄쩍 뛰었다. 다시 또 해 봐도 마찬가지였다. 장영실이 만든 집은

유교적 양반 중심 사회

유교적 양반 중심 사회는 여러 가지 모순을 가지고 있었다. 특히 당시의 성리학적 유교는 차별적인 신분 제도를 당연한 것으로 여겨, 아무리 재능이 뛰어나더라도 태어날 당시의 신분에 따라 사회 활동과 생활에 제약이 있었다.

조선 시대 양반들의 관직을 나타낸 품계석

아무리 거센 물살이 흘러내려도 끄떡없었다.

그러자 위쪽에 있던 아이들이 자리를 바꿔서 해 보자고 했다.

장영실은 말없이 고개만 끄덕였다. 그러고는 새로 둑을 만들어 물이 잔뜩 고이게 한 다음 헐어 버렸다. 쏜살같이 흘러간 물은 상대편 아이들의 집을 순식간에 무너뜨렸다.

"야, 이번에도 우리가 이겼다!"

장영실과 한편이 된 아이들은 좋아서 어쩔 줄 몰라 했다.

"어떻게 하는 건지 우리에게도 방법을 가르쳐 줘."

다시 장영실을 둘러싼 아이들은 아우성을 쳤다.

"모래로 무너지지 않게 집을 지으려면 무엇보다 벽을 비스듬하게 쌓아야 해. 그러면 아무리 거센 물살이라도 힘을 덜 받게 되지."

"아하!"

"또 아래쪽을 넓게 파 놓았기 때문에 물살이 약해지면서 그대로 흘러가거든."

장영실의 말에 아이들은 서로 마주 보며 고개를 끄덕였다.

"그렇구나!"

"그럼 네가 둑을 막았을 때는 어떻게 한 거야?"

"그것도 간단해. 둑을 좁고 깊게 열면 고였던 물이 세차게 흘러가기 때문에 순식간에 무너뜨릴 수 있지."

아이들은 장영실의 말에 입을 꼭 다물었다.

기생의 아들이라고 놀려 대기만 했는데 새삼 그의 지혜로움에 감탄한 것이다.

역사 속으로

조선 시대 신분 제도

조선 시대 신분 제도는 양천제이다. 즉 '양인'과 '천인'으로 이루어졌다는 뜻이다. 양인은 일반적으로 양반, 중인, 상민을 일컫고, 천인은 천한 사람, 천민을 말한다.

양반은 최상위 사회 계층으로 유교를 업으로 삼은 채 아무런 제한 없이 관리로 등용되어 관직과 특권을 가졌고 더불어 학문과 예의를 존중하는 사회의 지도층으로서의 정신적 의무도 갖고 있었다.

조선 시대에 관직과 특권을 가졌던 양반 계층(모형)

　중인은 기술을 가지고 일하는 사람들로 중앙 관서에서 일하는 특수한 세습적 신분층을 말한다. 중인이란 명칭은 서울의 중앙부를 거주 지역으로 삼았기 때문에 나온 것이다. 이들의 전통과 교양은 양반 계급에 못지않았지만, 할 수 있는 일들이 의술, 역술 등 기술 사무에 한정되고 벼슬도 제한되어 하급 관리로 임명되었다. 이들은 결혼도 같은 계급과 하고 기술과 관직도 계승되어 조직적인 계급을 이루었다.

　상민은 백성, 상사람, 상민 등으로 불렸다. 보통 농업, 공업, 상업에 종사하는 생산 계급에 종사하는 사람들로서 납세와 군역 등을 담당했다.

　천인 계급의 천민은 천역에 종사하는 가장 낮은 신분층으로, 노비, 백정, 승려 등이 있다.

원나라

　원나라는 몽골족에 의해 세워진 나라이다. 몽골족은 12세기까지 유목 민족으로 떠돌며 살다가 13세기 이후 칭기즈 칸이 나타

<동방 견문록>을 쓴 마르코 폴로

나 부족을 하나로 합치고 유럽 세계까지 정복하여 인류 역사상 가장 큰 제국을 만드는 데 성공했다.

이로 인해 유럽인들까지 몽골족을 알게 되었고 이는 마르코 폴로가 원나라를 여행하며 <동방견문록>을 쓴 계기를 만들기도 했다.

역원 제도(나랏일로 여행을 다니는 사람이 말을 타고 일을 수행하면서 쉴 수 있게 만들어 놓은 일종의 숙박 시설)를 시행하여 몽골족의 장점인 기동성을 최대한 살렸으며 최초로 지폐를 사용하기도 했다.

훗날 원나라는 수도 대도를 명나라의 군대에 빼앗기고 순제가 몽골 본토에 쫓겨남으로써 중국 지배를 끝냈다. 그 뒤 몽골 본토에 터를 잡은 원군은 얼마 동안 명군과 항쟁을 계속했으나 쇠퇴하여 내분으로 소멸하였다.

뛰어난 손재주

 어느덧 장영실은 열 살이 되었다. 관노의 자식은 열 살만 되면 자기 부모처럼 노비가 되는 것이 그 당시 법도였다.

 더구나 장영실은 사람들이 하는 소리를 얼핏 들은 적도 있었기 때문에 어머니와 헤어진다는 생각을 단 하루도 떨쳐 버릴 수가 없었다.

 '이젠 어머니의 얼굴도 마음대로 볼 수 없다니…….'

 이런 생각이 들 때마다 장영실의 두 눈에는 눈물이 핑 돌았다. 그래도 밤만 되면 어머니를 만나 응석을 부릴 수 있는 것이 장영실에게는 큰 위안이었다.

하지만 앞으로는 관가의 노비로서 모든 일을 자기 혼자 해 나가지 않으면 안 되었다.

끝내 장영실의 두 눈에서는 눈물이 주르르 흘러내렸다.

'불쌍한 어머니는 어떻게 살아가실까?'

장영실은 어머니와 헤어져야만 한다는 사실이 참을 수 없을 만큼 가슴이 아팠다. 누구나 태어날 때의 신분에 따라 정해진 삶을 살아야 한다는 것이 도무지 이해되지 않았다.

장영실이 동래*의 관가로 들어가기 전날에도 어머니는 밤늦은 시각에 돌아왔다.

"어머니……."

장영실은 가만히 어머니를 불러 보았다.

동래

부산광역시와 경상남도 양산시의 일부 지역을 차지했던 행정 구역이다. 경상남도 남동단에 위치하여 삼국 시대 이전부터 여러 이름으로 불리다가 삼국 통일 후 동래군이라는 명칭이 붙었다.

장영실이 태어난 동래의 전경을 그린 18세기의 민속화

조선 철종 12년에 김정호가 그린 〈대동여지도〉의 경상도 부분

그러면서 앞으로 언제 다시 마음 놓고 어머니를 불러 볼지 모른다는 생각이 들었다.

어머니도 그 마음을 알겠다는 듯이 입가에 애처로운 미소를 지으며 장영실을 끌어안았다.

어머니의 품에 안긴 장영실은 절대로 떨어질 수 없다는 듯이 팔에 잔뜩 힘을 주었다.

"어머니, 전 관가에 들어가기 싫어요. 어머니하고 이렇게 항상 같이 살고 싶어요."

장영실은 어머니를 부둥켜안고 몸부림치며 울었다.

"영실아, 내가 왜 네 마음을 모르겠니……."

"흑흑……."

장영실을 끌어안은 어머니의 두 눈에서도 눈물이 주르륵 흘러내렸다.

그러나 어머니로서도 어쩔 수 없는 일이었다. 밤은 자꾸만 깊어 갔다.

아침이 밝아 오면 장영실은 아는 사람 하나 없는 관가로 들어가야만 했다.

장영실은 점점 초조해졌다.

"어머니…… 그렇다면 우리 언제 다시 어머니를 만날 수 있나요?"

장영실이 꺼내는 한 마디 한 마디가 어머니의 가슴을 너무나 아프게 했다.

관노촌

서울과 지방의 관아에 딸린 관노비들이 모여 살던 마을. 관노비는 공노비의 한 부류로, 도성의 변경 지역에 무리를 지어 거주함으로써 관노촌을 형성했다. 이들은 관으로부터 독립된 생활을 하는 대신 법이 규정한 신포를 공납할 의무를 지녔다. 이후, 갑오개혁에 의해 관노촌은 소멸하였다.

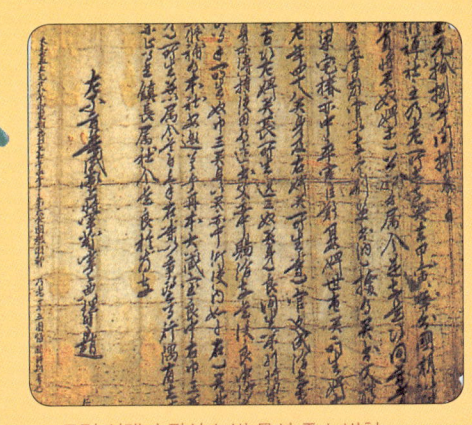

고려 시대 송광사 노비 문서 중 노비첩

관노가 되어 관가로 들어가면 현감의 허락 없이는 두 번 다시 나올 수 없다는 것을 어머니는 누구보다도 잘 알고 있었다.

"우리는 앞으로 관가에서 허락을 해야만 만날 수 있어. 그러니까 관가에 들어가면 절대 딴생각하지 말고 사람들이 시키는 대로 열심히 일을 해야 해, 알았지? 이 어미를 또다시 보려거든 꼭 그래야 한다."

장영실은 어머니의 품에 안겨 마냥 흐느꼈다.

이튿날, 장영실은 관가에서 나온 사람을 따라 동래현 현감이 사무를 보는 현청으로 들어갔다.

그곳에서 장영실은 다른 노비들처럼 잔심부름을 하며 낯선 생활을 시작했다. 그러나 장영실의 머릿속은 온통 어머니 생각으로 가득 차 있었다.

'그래, 어머니께서 부지런히 일하면 반드시 다시 만날 수 있다고 했어.'

장영실은 어머니를 만나기 위해서 무슨 일이든지 열심히 해야겠다고 마음 속으로 다짐했다.

장영실의 관가 생활은 하루하루 달라져 갔다. 영리하고 똑똑한 장영실은 무슨 일이든 열심히 했다.

"영실이는 늘 열심히 일한단 말이야. 기특하기도 하지."

또한 장영실은 깊이 생각하고 관찰하는 버릇이 몸에 배어 있어 처음 하는 일이라도 쉽게 손에 익혔다.

"저 아이는 이번에 새로 온 장영실이라고 하는데 매우 성실하옵니다, 나리."

"그래? 나이도 어린데 제법이로군."

그러나 다른 노비들은 장영실을 보고 비웃었다.

"노비 주제에 뭐 그렇게 열심히 하니?"

"기생 아들이 제 주제도 모르고……."

노비들은 심지어 손가락질까지 하며 수군거렸다.

하지만 장영실은 그런 말에 아랑곳하지 않았다. 심술궂게 기생의 아들이라고 놀려 대도 못 들은 척했다.

그저 자기가 할 일만 묵묵히 해낼 뿐, 누가 비웃어도 입을 꼭 다문 채 참았다.

그리고 다른 사람이 시키기 전에 할 일을 찾아서 했다.

그래야만 하루빨리 관가의 일을 배울 수 있다는 생각에서였다.

'어머니를 다시 만나려면 열심히 일을 해야 해.'

장영실은 어머니를 만날 수 있다는 희망을 한시도 버리지 않았다. 그래서 남들이 비아냥거려도 견뎌 낼 수 있었다.

'어머니하고도 떨어져 사는데, 이까짓 놀림쯤이야!'

장영실은 그럴수록 더 열심히 여러 가지 일들을 배워 나갔다. 그러던 어느 날이었다.

현감 부인이 매우 아끼던 반닫이*의 자물쇠가 고장 났다고 현청 안이 떠들썩했다. 많은 노비가 앞다투어 고쳐 보겠다고 나섰지만, 소용없었다.

"허참, 이 자물쇠를 고칠 사람이 하나도 없단 말이냐?"

반닫이

앞의 위쪽 절반이 문짝으로 되어 아래로 젖혀 여닫게 만든 궤 모양의 가구. 특징에 따라서 강화 반닫이·박천 반닫이·제주 반닫이 등이있다. 옷·두루마리 문서·서책·유기류·제기류 등을 보관하거나 저장하는 기구로 사용했다.

놋쇠 장식이 달린 반닫이

현감은 실망스러운 낯빛으로 노비들을 둘러보았다. 더 이상 앞으로 나서는 노비조차 보이지 않았다.

"여봐라, 어떻게든 이 자물쇠를 고칠 수 있는 사람을 데려오도록 하라!"

현감의 분부가 떨어지자 모여 있던 노비들이 웅성거렸다.

"나리, 얼마 전에 새로 들어온 영실이라는 아이의 손재주가 뛰어납니다. 그 애를 데려다가 시켜 보면 어떨까요?"

"그래? 어서 그 아이를 불러오도록 하라!"

현감은 다급한 목소리로 장영실을 데려오라고 했다. 그러나 곧장 달려온 장영실을 보고 현감은 어이가 없었다. 어른들도 못 고치는 자물쇠를 어린아이가 어떻게 고칠 수 있다고 하는지 이해가 되지 않았다.

"네가 이 자물쇠를 고칠 수 있겠느냐?"

"네, 한번 해 보겠사옵니다."

"그렇다면 어서 고쳐 보아라."

현감은 장영실이 너무나 자신 있게 대답을 하자 오히려 호기심이 생겼다.

"음…… 자, 그럼 시작해 보거라."

장영실은 반닫이 앞으로 다가가 자물쇠를 이리저리 살펴보았다. 그러고는 몇 번 만지작거리는 듯 싶었는데 찰칵하고 자물쇠가 열렸다.

장영실이 어떻게 자물쇠를 고치나 하고 지켜보던 사람들이 눈이 휘둥그레졌다.

"어머나, 세상에……."

"아니?"

"허허허, 신통한지고."

"어른들도 못 고치는 것을 어린 네가 고치다니……."

현감 부인도 장영실의 손재주에 탄복하고 말았다.

그 일이 있고 난 뒤부터 관가에서는 고장 난 것이 있으면 으레 장영실을 찾게 되었다.

"영실아, 이것 좀 고쳐 주련?"

"아, 이 아이의 솜씨는 정말 놀라워!"

"영실이 손에만 들어가면 못 고치는 것이 없으니, 정말 보통 아이가 아니야."

그동안 장영실을 보면 놀려 대던 노비들도 태도가 완전히 달라졌다. 오히려 어린 나이에 감당하기 힘든 일을 할 때면 진심으로 도와주려고까지 했다.

하지만 장영실은 잠시도 쉬지 않고 더욱 열심히 일했다. 그러면서도 새로운 물건을 보면 어떻게 만들어졌나 유심히 살펴보고 고장난 것이 있으면 얼른 고쳐 놓았다.

그러자 장영실의 타고난 손재주를 인정하게 된 사람들은 칭찬을 아끼지 않았다.

"영실이 그 녀석, 나이도 어린데 생각하는 게 깊고 이치를 따지는 것도 아주 놀라워. 정말 머리가 대단하단 말이야."

장영실은 사람들이 이렇게 칭찬해 줄 때도 어머니가 보고 싶다는 생각이 간절했지만 전혀 내색하지 않았다. 그럴수록 또 다른 일을 찾아 하루하루를 바쁘게 보냈다.

장영실이 관가에 들어온 지도 어느덧 몇 년이 흘렀다. 그동안 장영실은 관가에 없어서는 안 될 사람이 되어 있었다.

그러던 어느 해, 경상도 지방에 심한 가뭄이 들어 모든 사람들이 한숨만 푹푹 내쉬었다.

"아니, 하늘도 무심하시지. 이게 웬 날벼락이람."

"글쎄 말이야. 이렇게 비 한 방울 내리지 않다간 농사를 망쳐 마을 사람들이 모두 굶어 죽게 생겼어."

사람들은 거북의 등같이 쩍쩍 갈라진 논바닥을 내려다보며 어쩔 줄 몰라 했다.

바싹 말라붙은 논밭에는 흙먼지만 일 뿐 물기라고는 조금도 찾아볼 수가 없었다.

"이거, 무슨 수라도 써야겠군. 정말 큰일 나겠어."

"이럴 게 아니라 기우제라도 지내보자고."

사람들은 곧 돼지머리와 떡을 차려 놓고 비를 내려 달라며 하늘을 향해 빌었다.

"하늘이시여, 부디 비를 내려 주소서!"

그러나 기우제를 지낸다고 비가 올 리는 없었다.

"아이고, 비는 언제 오려나……."

심지어 개울물까지 완전히 말라 버려 물 한 방울 구하기조차 힘들었다.

"에구, 목말라!"

"이거 참, 큰일이로구나. 허, 이렇게 오랫동안 가뭄이 들다니……. 이 일을 어떻게 한담……."

"아, 하늘도 무심하시지. 제발 비를 조금이라도 내려 주시면 좋을 텐데."

현감도 이만저만 걱정이 아니었다.

하루 이틀도 아니고 계속해서 비가 오지 않으니 어디부터 손을 써야 할지 몰랐던 것이다.

'어떻게 해야 이 가뭄을 이겨 낼 수 있단 말인가? 참으로 큰일이로다!'

근심에 싸인 현감은 밤잠도 제대로 자지 못했다.

현감이 그토록 밤잠을 설쳐 가며 걱정하자, 장영실도 그냥 보고만 있을 수가 없었다.

더구나 그 무렵은 가뭄을 이겨 나갈 수 있는 방안을 연구해 보라는 현감의 분부까지 내려져 모든 사람들이 머리를 싸매고 노력하던 참이었다.

'무슨 방법이 있긴 있을 텐데…….'

장영실은 마을을 한 바퀴 빙 돌아보며 골똘히 생각에 잠

겼다. 그렇지만 뾰족한 수가 떠오르지 않았다. 논밭은 바싹 말라 제대로 자란 풀 한 포기조차 보이지 않았다.

장영실은 그 광경을 보고 너무나 마음이 아팠다.

'맞아, 강물을 끌어들이면 될 거야!'

장영실은 아이들이 모래로 집을 만들며 놀던 어릴 적 생각이 퍼뜩 떠올랐다.

그래서 다른 생각을 할 겨를도 없이 곧장 10리나 떨어진 강으로 달려갔다.

조용히 흐르는 강물을 보는 순간, 장영실은 뛸 듯이 기뻤다.

'됐어. 이 물을 끌어들이는 거야!'

장영실은 그 길로 현감에게 달려갔다.

"가뭄을 이겨 낼 한 가지 방법이 있사옵니다."

숨이 차게 달려온 장영실을 보고 현감은 잔뜩 기대했다.

"그래, 대체 어떻게 하면 된단 말이냐?"

"이곳에서 서쪽으로 10리쯤 가면 강이 있는데, 우리 마을은 그 강보다 낮으니 물을 끌어들이면 되옵니다."

"뭐라고? 어떻게 그 먼 데 있는 강물을……."

현감은 기가 막혔다. 장영실이 기껏 생각해 냈다는 묘책이 강물을 끌어들이자는 것임을 알고 어이가 없었다.

"예끼, 이놈! 어떻게 10리나 떨어진 데 있는 강물을 끌어들인단 말이냐?"

현감은 장영실에게 호통을 쳤다.

"아닙니다. 할 수 있사옵니다. 물은 언제나 높은 곳에서 낮은 곳으로 흐르게 되어 있거든요. 마침 그 강이 이곳보다 높은 위치에 있기 때문에 물길만 잘 내주면 틀림없이 끌어들일 수 있을 것이옵니다."

장영실은 자신 있게 말했다.

"만약 네 말대로 물을 끌어올 수 있다 하더라도 워낙 가물어 도중에 다 말라 버릴 텐데……."

"그 문제는 물길 바닥에 진흙을 이겨 바르면 됩니다. 진흙은 잠시 물을 빨아들일지 모르나, 물이 흐르는 속도가 있어서 조금 지나면 괜찮아질 것이옵니다."

"그거 좋은 생각이다. 한데 물을 끌어오다가 골짜기 같은 곳에 이르면 어떻게 하지?"

"그런 곳에서는 통나무를 길게 반으로 잘라 홈통을 만들어 사용하면 될 것이옵니다."

"그래! 내가 왜 미처 그 생각을 못 했지?"

장영실의 설명을 귀담아듣던 현감은 어느새 얼굴이 환해졌다.

"너의 빈틈없는 계획에 정말 탄복했다. 어서 물을 끌어들이도록 하거라."

현감의 분부가 떨어지기 무섭게 장영실은 곧바로 마을 사람들을 모아 강물을 끌어들이기 시작했다.

"이젠 살았다! 이 강물만 끌어들이면 된단 말이지?"

마을 사람들도 모두 희망을 품게 되었다.

장영실은 10리 길을 멀다 않고 뛰어다니며 강물이 잘 흐르게 물길을 잡아 주었다.

마을 사람들도 땀을 뻘뻘 흘리면서 장영실이 하라는 대로 잘 따랐다.

얼마 후, 물길을 따라 동래 벌판까지 강물이 철철 넘쳐흘

렀다. 그것을 본 마을 사람들은 껑충껑충 뛰며 환호성을 질렀다.

"이젠 살았다. 살았어!"

"만세!"

물을 끌어들이던 사람들은 덩실덩실 춤을 추며 좋아서 어쩔 줄 몰라 했다.

"영실아, 정말 훌륭하구나! 네가 이 마을을 살렸어."

현감도 칭찬을 아끼지 않았다.

"내가 너에게 상을 내리려고 하는데 무엇이 좋겠느냐?"

장영실은 그 순간 어머니의 얼굴이 또렷하게 떠올랐다.

'그래, 어머니를 뵐 수 있으면 좋겠다.'

이렇게 생각한 장영실은 천천히 입을 열었다.

"제가 어머니와 헤어진 지도 벌써 여러 해가 지났는데, 아직 한번도 뵙지 못해 늘 한이 되었사옵니다. 청하옵건대, 잠깐이나마 어머니를 뵐 수 있게 해 주시면 그 이상 다른 소원이 없겠사옵니다."

장영실의 말에 현감은 또다시 탄복했다.

"자식 된 도리로서 어머니를 그리워하는 정은 누구나 다 같은 것이니 마음 놓고 며칠 다녀오너라."

현감은 장영실의 효성에 쾌히 승낙했다.

"영실이 그 녀석 손재주만 좋은 줄 알았더니 어머니를 생각하는 효심 좀 봐."

"글쎄 말이야. 보기 드문 효자야."

마을 사람들도 장영실의 효심에 감탄했다.

이 소문은 금세 이웃 마을까지 퍼져 나가 장영실의 이름을 모르는 사람이 없을 정도가 되었다.

역사 속으로

기우제

 농업을 주업으로 삼는 우리나라에서 가뭄은 가장 큰 재앙이었다. 삼국 시대 이래 3, 4년에 1번씩 한재(가뭄과 재앙)가 찾아와 조정, 지방 관청, 민간을 막론하고 기우제가 성행했다.
 왕은 자신이 정치를 잘못해 내리는 천벌이라 하여 스스로가 몸을 정결히 하고 하늘에 제사지냈으며, 식음을 폐하고 거처를 초가에 옮기거나 죄인을 석방하기도 했다.
 민간에서는 산상, 냇가 등에 제단을 만들고 신의 구역으로 정

가뭄이 들어 쩍쩍 갈라진 논바닥

하여 마을 전체의 공동 행사로 제사를 지냈다. 제주는 마을의 장이나 지방 관청의 장이 맡았으며, 돼지 닭 술 과일 떡 등을 제물로 올렸다. 경우에 따라서는 무녀의 가무도 곁들여지기도 했다.

조선 시대에는 종묘사직과 흥인문 돈의문 숭례문 숙정문의 4대문, 동서남북의 4교와 중앙인 종각 앞, 또는 모화관 경회루 춘당대 선농단 한강 변 등에서 지냈으며, 심할 때는 나라에서 12번까지 3품 이상의 관원을 파견하여 기우제를 올리기도 했다.

현감

수령으로 총칭된 지방관의 하나이다. 통일 신라 시대에는 현의 규모와 관계없이 모두 현령이라 했고, 고려 시대에는 큰 현에는 영, 작은 현에는 7품의 감무를 두었다. 이는 조선 초기까지 계속되다가 후에 현감으로 고쳐 종6품의 외관직으로 정했다.

조선 시대의 현감은 현령(종5품)이 관할하는 현보다 작은 고을의 원님이었다. 당시 지방의 말단 기관장인 역의 찰방(종6품)과 동격인, 지방 수령으로서는 가장 낮은 관직이었는데, 조선 시

대의 현감은 138명에 이르렀다고 한다.

노비

노비 제도가 언제 실시되었는지 그 정확한 때는 알 수 없으나 각종 문헌을 통해 이미 고조선 시대부터 노비 제도가 존재했음을 알 수 있다. 고려 시대 이래로 노비의 소생은 부모 중의 하나가 노비이면 노비가 되게 했기 때문에 숫자가 늘어나 군역 부담자가 감소하는 문제가 발생하게 되자, 1414년(태종 14년) 양인을 증가시키기 위한 방법으로 종부법을 시행했다. 그러나 이에 따른 폐단이 생겨나면서 세조 때 다시 종래의 법으로 돌아갔다.

16세기에 이르러 국가 재정이 악화하고 기근이 발생하면서 재물을 바치는 노비에게 면천을 허락했고, 이를 계기로 재정과 변방의 문제를 해결하는 방식으로 납속이 계속 시행되었다.

그 후 1886년(고종 23년) 노비 세습제를 폐지하고 노비 소생의 매매를 금지했으며 그들이 양인이 될 수 있도록 정했다. 1894년 마침내 노비제가 폐지되었다.

세종대왕의
부름을 받아

그 당시 조선의 임금은 세종대왕이었다. 어려서부터 총명하고 덕망이 높았던 세종대왕은 1418년에 조선의 네 번째 임금으로 왕위에 올랐다.

우리 민족의 수많은 임금 가운데 특히 세종대왕은 나라 발전에 깊은 관심을 쏟아 찬란한 업적을 많이 남겼다.

또한 학문에도 남다른 관심을 가져 왕위에 오른 지 2년째 되던 해에 집현전을 세워서 덕망과 학식이 높은 인재들이 마음 놓고 학문을 연구할 수 있게 했다.

노비인 장영실의 뛰어난 재능을 인정하여 벼슬까지 내렸던 세종대왕의 동상

"나라가 부강해지려면 많은 인재들이 학문에 전념할 수 있어야 되지 않겠소?"

세종대왕은 집현전을 발전시켜 나가는 한편, 과거 제도를 통해 숨은 인재들을 많이 찾아내기도 했다.

하루는 경서를 강론하는 자리에 나간 세종대왕이 학자들에게 천문학에 관해 연구를 하도록 지시했다.

"우리나라는 예로부터 농사를 많이 지어 왔는데, 이 농사일에 천문학은 꼭 필요한 학문이오. 그래서 일찍이 우리 조상 중에는 하늘의 움직임과 땅의 이치에 관해 연구를 한 분들이 많았소. 첨성대 하나만 보아도 천문학에 관한 연구를 얼마나 많이 해 왔는지 잘 알 수 있지 않겠소? 그러니 지금부터라도 우리가 힘을 모아 더욱 열심히 과학 기술을 발전시켜 나가면 백성들이 좀 더 잘 살 수 있을 것이오."

　세종대왕은 이렇게 농사와 밀접한 관계가 있는 천문학과 과학 기술에 관해 연구를 계속하도록 했다. 대신들은 진심으로 백성을 생각하는 그 깊은 마음에 모두 감탄했다.

　세종대왕은 거듭 대신들에게 어명을 내렸다.

　"천문학을 연구하는 것은 학자들의 힘만 가지고는 하기 어려운 일이오. 여러 가지 기구도 만들어야 하고, 기계를 잘 다룰 줄 아는 사람도 필요하오. 그러니 그런 쪽에 재주를 갖고 있는 사람을 찾아보도록 하시오."

　그날부터 대신들은 과학과 기술 분야에 재능이 있는 사람을 찾느라 야단이었다.

　"상감마마께서 말씀하신 사람을 빨리 찾아내야 하는데, 어디 마땅한 사람이 있습니까?"

　"여기저기 사람을 풀어 알아보고는 있습니다만, 아직 아무런 소식이 없습니다."

신라 선덕여왕 때에 건립된 천문 관측대인 첨성대

"어떻게든 빨리 찾아봅시다."

그러던 어느 날, 참판인 이천이 세종대왕에게 아뢰었다.

"상감마마, 경상도 동래현에 사는 장영실이란 자가 손재주가 뛰어나고 매우 영리하다 하옵니다."

세종대왕은 이천의 말에 귀가 번쩍 뜨였다.

"좀더 자세히 말씀해 보시오."

"장영실은 농기구나 칼을 잘 고치는 것은 물론, 가뭄 때에는 강물을 마을로 끌어들였다고 하옵니다. 그래서 그 덕택에 가뭄을 이겨 내게 되었다고 마을 사람들의 칭찬이 자자하다 하옵니다."

"오, 참으로 훌륭한 자로군! 그렇다면 내가 찾고자 하는 인재가 틀림없으니 어서 불러들이도록 하시오."

이천의 말을 들은 세종대왕은 하루빨리 장영실을 궁궐로 들이라고 했다.

그런데 어째서인지 이천이 머뭇거렸다. 평소 같으면 임금의 명을 받고 그렇게 행동할 이천이 아니었다.

"왜 그러시오? 어서 불러들이라고 했잖소."

"상감마마, 실은 장영실의 어미가 관기이며 그 또한 동래현의 관노라 하옵니다."

"그게 무슨 말이오? 이와 같이 중대한 일을 하는데 그만한 재능이 있다면 신분에 상관없이 꼭 필요한 사람이오. 어서 장영실을 불러들이도록 하시오."

세종대왕은 이천의 우려와 달리 단호하게 말했다. 그러자 이번에는 대신들이 반대를 하고 나섰다.

"상감마마, 아니 되옵니다. 아무리 재주가 뛰어나다고 해도 관노를 조정으로 부르시는 것은 있을 수 없는 일이옵니다. 어명을 거두어 주소서."

"그러하옵니다. 그토록 중대한 일을 천한 노비에게 연구하도록 할 수는 없사옵니다."

대신들은 기생의 아들인 장영실에게 나라의 중대한 일을 맡길 수는 없다고 반대했다.

"경들의 뜻은 충분히 이해하오. 그렇지만 나라를 위하는 일인데, 관노면 어떻고 기생의 아들이면 어떻소. 아무리 천한 백성이라도 재주가 뛰어나다면 마땅히 나라를 위해 그것을 쓰도록 하는 것이 옳지 않겠소?"

세종대왕의 이 같은 뜻에 대신들은 더 이상 아무 말도 할 수가 없었다.

"어서 장영실을 데려오도록 하시오."

조정에서는 그날로 사람을 보내 장영실을 불러왔다.

"그대가 장영실인가?"

세종대왕 앞에 무릎을 꿇고 엎드린 장영실은 큰 죄나 지은 것처럼 잔뜩 겁에 질린 채 온몸을 사시나무 떨듯 했다.

"네, 그러하옵니다."

목소리도 뱃속으로 기어들어가는 것처럼 작았다.

"그대의 재주가 뛰어나다고 들었으니 어디 한번 그 솜씨를 보여 주도록 하시오."

어명이 떨어지자 장영실은 여러 가지 재주를 세종대왕 앞에서 조심스럽게 보였다.

"오, 과연 훌륭한 솜씨로다! 어찌 사람의 손이 그토록 정교하고 재빠를 수 있는가? 그대의 지혜로움에 놀라움을 금치 못하겠구려."

장영실의 솜씨를 본 세종대왕은 몹시 만족해했다.

"지금 이 나라에는 뛰어난 재주를 가진 사람이 꼭 필요하니 그대는 이곳에 머물면서 그 솜씨를 한번 마음껏 발휘해 보도록 하시오."

"황…… 황공하옵니다, 상감마마."

그 순간, 장영실은 숨이 콱 막히는 듯했다. 기생의 아들이라고 천대만 받던 자신이 대궐 안에서 평소에 좋아하는 일을 하게 되다니 정말 꿈만 같았다.

장영실은 그날부터 당장 대궐에 머물며 여러 가지 궁중의 법도를 익혀 나갔다.

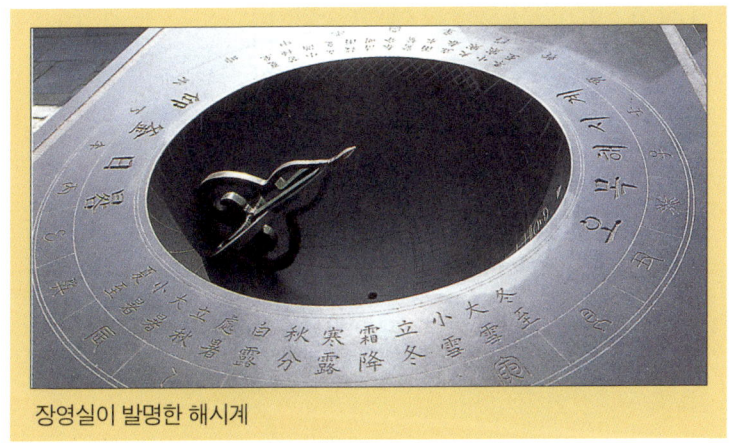
장영실이 발명한 해시계

'모르는 것을 하루빨리 배워야 상감마마의 크나큰 은혜에 보답할 수 있다.'

좋은 옷을 입고 기름진 음식을 먹으며 대궐에서 지내게 된 장영실은 더욱 열심히 노력했다. 이천도 그런 장영실을 정성껏 보살펴 주었다.

그렇지만 장영실의 마음 한구석은 언제나 어머니 생각으로 허전했다.

'아, 어머니……'

기생의 아들이라고 놀림당하던 자신은 대궐에서 호강을 하고 있는데, 어머니는 아직도 고생을 하고 있을 것이라는 생각이 들 때마다 장영실의 가슴은 미어지는 듯이 아파져 왔다.

'어머니는 지금 뭘 하고 계실까?'

어머니 생각만 하면 장영실의 두 눈에서는 눈물이 주르르 흘러내렸다. 잠도 제대로 오지 않았다.

'어머니는 내가 이렇게 대궐에서 잘살고 있는 줄 모르실 거야. 불쌍한 어머니……..'

장영실은 자다가도 어머니 생각이 나면 눈을 번쩍 떴다. 맛있는 음식이 눈앞에 가득해도 제대로 먹을 수가 없었다.

어느 날, 그런 장영실의 마음을 눈치챈 이천이 물었다.

"자네 요즘 얼굴색이 좋지 않은 것을 보니 무슨 걱정이 있는 모양이군. 내게 말해 줄 수 없겠나?"

장영실은 이천의 말에 가슴이 철렁 내려앉았다. 속마음을 들킨 것 같아 얼굴도 화끈 달아올랐다.

"아, 아닙니다. 아무렇지도 않습니다."

엉겁결에 대답을 하면서도 장영실은 부끄러운 기색을 감추지 못했다.

"괜찮네. 자네가 나한테 숨길 일이 뭐 있겠나. 어려운 일이 있으면 속 시원하게 얘기를 하게. 대체 무슨 일인가?"

이천은 부드러운 목소리로 거듭 물었다. 그제야 장영실은 자신의 속마음을 털어놓았다.

"죄송하옵니다만……. 실은 나리께서도 아시다시피 저는 대궐에 들어와 이렇게 편안히 지내고 있는데……. 어머니께서는 아직도 고생을 하고 계실 거라는 생각이 자꾸 들어서 그때마다 일이 손에 통 잡히지 않는군요."

"어허……."

조심스레 말하는 장영실의 눈에 어느새 이슬이 맺혔다.

"그렇겠구먼, 쯧쯧……."

이천이 장영실의 마음을 헤아려 주자 장영실은 더더욱 어머니 생각으로 마음이 아팠다.

"어머니……."

"좀 더 참고 기다려 보게. 상감마마께서도 자네를 아끼시니 나도 아뢰어 보도록 하겠네."

이천은 장영실의 등을 가볍게 다독거려 주었다.

"고맙습니다, 나리."

장영실은 어려운 일이 있을 때마다 자신을 도와주는 이천이 정말 고마웠다.

그 후, 장영실은 활기를 되찾았다. 책을 봐도 금세 머리에 들어오고 하는 일마다 자신감도 생겼다. 그러던 어느 날, 장영실은 세종대왕의 부름을 받았다.

'무슨 일 때문에 부르실까? 혹시 내가 뭐 잘못한 일이라도 있었나?'

장영실은 곰곰이 생각해 보았지만, 그동안 대궐 안에서 잘못한 일은 하나도 없는 것 같았다.

'그렇다면 어머니 때문에······.'

장영실은 이천에게 어머니에 대해 이야기한 것을 떠올려 보았다. 그러나 그 일 때문은 아닌 것 같았다.

장영실은 이 생각 저 생각을 하며 어전으로 갔다. 그곳에는 남양 부사 윤사웅과 부평 부사 최천형도 와 있었다.

"나라의 근본은 농사이니, 농사가 잘되어 백성들이 배불리 먹을 수 있게 되면 다른 일들도 잘될 것이오. 어떻게 하면 풍년이 들게 할 수 있을지 그 방법을 말해 보시오."

"하늘의 움직임을 자세히 알아야 한다고 생각하옵니다."

"옳은 말씀이오. 하늘의 움직임을 자세히 알기 위해서는 어떻게 하면 되겠소?"

"천문 관측기구를 세워 천체 현상을 관측해야 될 줄로 아옵니다."

"옳은 생각이오. 그래서 말인데, 우리의 실정에 맞는 독창적인 관측기구를 만들었으면 하오. 그러기 위해서는 먼저 중국의 천문 기구를 익히는 것이 중요할 것이오."

세종대왕은 여러 의견을 다 듣고 나서 장영실에게로 시선을 돌렸다.

"이보게 장영실, 그대는 비록 천한 몸이지만 재주를 따를

농본 정책

조선은 건국 초기부터 민생을 안정시키기 위해 농업을 보호 육성하는 농본 정책을 실시했다. 태조는 국가의 3대 기본 정책 가운데 하나로 농본 정책을 내세웠고, 태종은 국농소라는 연구 기관을 설치해 농업 기술의 향상을 꾀했다.

익어가는 벼
세계 인구의 절반 정도가 쌀을 주식으로 한다.

자가 없으니, 중국에 가서 그 기술을 배워 오도록 하라."

　장영실은 세종대왕의 특명을 받아 천문 기기에 관한 연구를 하기 위해 곧장 중국으로 떠났다.

　중국의 천문 관측기구에 대해 배우고 돌아온 장영실은 잠시도 연구를 게을리하지 않았다. 세종대왕은 그런 장영실에게 큰 상을 내리고 싶었다.

　"장영실이 천한 신분인 것이 마음에 걸리오. 그래서 벼슬을 내렸으면 하는데, 어떤 벼슬이 좋겠소?"

　세종대왕이 장영실에게 벼슬을 내리겠다고 하자, 대신들은 또다시 앞다투어 반대했다.

　그렇지 않아도 몇 년 전에 세종대왕이 벼슬을 내리겠다고 했을 때, 조정 대신들이 끝까지 반대한 적이 있었다. 그런 대신들이 장영실에게 다시 벼슬을 내리겠다는 세종대왕의 깊은 뜻을 이해할 리 없었다.

　"상감마마, 아니 되옵니다. 한낱 관기의 아들에게 벼슬을 내린다는 것은 있을 수 없는 일이옵니다."

　"그렇습니다. 말씀을 거두어 주소서."

대신들의 반대는 좀처럼 꺾일 줄 몰랐다.

그러나 세종대왕도 장영실에게 꼭 벼슬을 내리겠다고 단단히 마음을 굳히고 있었다.

"장영실의 재주는 매우 훌륭하오. 재능 있는 사람에게 신분은 중요하지 않소. 누구든지 장영실보다 더 나은 재주꾼이 있으면 추천해 보시오."

그 말에 대신들은 모두 입을 꼭 다물었다.

"장영실에게 상의원 별좌의 벼슬을 내리노라!"

상의원 별좌란 임금이 입는 옷과 대궐에서 쓰는 물건을 만드는 관직이었다.

'이거 혹시 꿈이 아닌가?'

장영실은 하루 아침에 노비의 신분에서 벗어나게 되었다. 그것도 세종대왕이 직접 내린 벼슬을 받다니, 장영실로서는 꿈에도 생각지 못했던 엄청난 일이었다.

'상감마마, 제 목숨이 끝나는 날까지 충성을 다하겠습니다.'

장영실은 마음속으로 굳게 다짐했다.

세종 7년, 마침내 장영실은 관노의 신분에서 벗어나 궁정 과학자로서의 생애를 시작하게 되었다.

그 후 1432년이 되어 세종대왕은 천문과 기상 관측을 할 수 있는 '간의*'를 만들기로 마음먹었다.

"천문 관측기구는 어느 나라나 비슷한 것으로 알고 있소. 하지만 우리는 이웃 나라들과 사정이 다르오. 우리에게 맞는 독창적인 관측기구를 만들어 보시오."

세종대왕은 정인지와 정초, 장영실이 있는 자리에서 간의대를 설치하라고 분부했다.

"우리가 자료를 충분히 수집해 놓을 테니 두 분은 기구를 만들면 어떻겠소?"

정인지와 정초가 역할 분담을 해서 일하자며 이천과 장

간의

1432년(세종 14년)에 이천과 장영실 등이 만든 천체의 운행과 현상을 관측하던 기계. 처음에는 나무로 만들었다가 나중에는 구리로 대·소 간의를 만들어, 대간의는 경회루에 설치하고 소간의는 휴대용으로 사용했다.

천체를 관측하는 간의가 설치되어 있는 간의대

영실에게 제의했다.

"좋습니다. 그렇게 하죠."

이천과 장영실도 그 제안에 쾌히 승낙하고 정인지와 정초가 조사한 자료를 바탕으로 관측기구를 만드는 데 몰두했다.

'내 손으로 훌륭한 기구를 꼭 만들고 말 테야.'

장영실은 중국에서 가지고 온 책과 자료들을 자세히 훑어보며 여러 가지 모양의 관측기구를 만들어 보았다.

그러나 장영실이 마음먹은 대로 일이 진행되지는 않았다.

'우리라고 관측기구를 만들지 못할 이유는 없지. 더욱 열심히 연구해 보자.'

그리하여 장영실은 간의대를 만드는 데 힘을 쏟았다.

"여보게, 아무래도 우리 기술로는 안 될 모양이네. 이렇게 계속 실패만 하니……."

자꾸만 거듭되는 실패에 이천은 땅이 꺼지게 한숨을 내쉬기까지 했다.

"너무 걱정하지 마십시오. 다른 나라도 한 일인데, 우리라고 못하겠습니까? 제가 꼭 만들어 보겠습니다."

 장영실은 이렇게 이천을 안심시키고 뜬눈으로 수많은 밤을 새워 가며 관측기구를 만들었다.

 그러던 어느 날이었다.

 "이젠 됐습니다. 됐어요!"

 장영실이 내민 설계도를 보고 이천도 덩달아 흥분했다.

 "아니, 이게 간의란 말이지?"

"네, 그러하옵니다. 하지만 좀 더 성능을 시험해 보는 것이 좋겠습니다."

장영실은 조심스럽게 간의를 작동시켜 보았다.

"그만하면 됐어. 성공이야, 성공!"

이천은 너무나 기뻐서 어쩔 줄 몰라 했다.

세종대왕도 장영실이 만든 간의를 살펴보며 기쁜 낯빛을 감추지 못했다.

"오, 훌륭하오! 이것으로 한성의 위치를 알 수 있겠소?"

"네, 벌써 알아보았습니다. 이곳 한성의 위치는 북위 38도쯤 되옵니다."

"그렇다면 한라산*과 백두산의 높이도 알 수 있소?"

"네, 그것도 다 조사해 놓았습니다. 그뿐만 아니라 북극성의 위치도 정확히 관측했사옵니다."

"정말 장하오. 이제 우리도 천체의 움직임과 방위를 잴 수 있는 기구를 갖게 되었구려."

세종대왕은 장영실과 이천을 칭찬하며 매우 기뻐했다.

두 사람은 마침내 간의를 만드는 데 성공했던 것이다.

한라산. 제주도의 중앙부에 솟아 있는 화산으로, 1996년에 유네스코 세계 문화 유산으로 지정되었다.

  그것은 우리나라 최초의 천체 관측기구로, 경복궁에 있는 경회루 북쪽에 세워졌다.

  간의로 한성이 북위 38도쯤 된다는 사실을 알아낸 것은 실로 놀라운 기술이었다. 오늘날의 정밀한 기계로 측정한 수치와 별 차이가 없었던 것이다.

  장영실과 이천은 그 이후에도 계속해서 간의의 성능을 개선해 좀 더 정확하게 관측할 수 있도록 만들었다.

  그리고 이듬해인 1433년에는 장영실이 또다시 '혼천의*'를 만들었다.

혼천의는 간의보다 더 성능이 좋은 관측기구였다.

"오! 이제 하늘의 신비스러운 조화를 한눈에 볼 수 있겠구려."

"이 혼천의를 이용하면 좀 더 효과적으로 천체 관측을 할 수 있사옵니다."

세종대왕은 완성된 혼천의를 꼼꼼히 살펴보았다.

"상감마마, 이것으로 시간은 물론 해와 달의 위치와 방위까지도 알 수 있사옵니다."

"아! 그렇소? 그대의 발명품은 항상 날 기쁘게 하는구려."

장영실의 설명을 들은 대신들도 놀라워했다.

"장하오, 정말 장해! 그대야말로 하늘이 조선에 내린 위대한 과학자요."

혼천의

천체의 운행과 그 위치를 측정하여 천문 시계의 구실을 했던 것으로, 혼의 또는 혼의기라고도 한다. 세종 15년에 정초와 정인지 등이 고전을 조사하고, 이천과 장영실 등이 그 제작을 감독하여 완성했다. 그 때부터 혼천의는 천문학의 기본적 기기로서 표준 시계와 같은 구실을 하게 되었다.

장영실이 이천과 함께 만든 천체 관측 기구

세종대왕은 장영실을 크게 칭찬하며 정4품인 호군으로 승진시켰다.

그리고 뒷날 문종이 되는 세자에게는 '혼천의'의 구조와 천체를 관측하는 기술을 익혀 그 장단점을 연구하도록 했다.

역사 속으로

세종대왕

조선 왕조 제4대 임금인 세종대왕은 즉위 후 정치, 경제, 문화면 등 다양한 방면에서 훌륭한 업적을 쌓아 조선 왕조의 기틀을 튼튼히 쌓았다.

1420년 집현전을 설치하여 유능한 학자들을 육성하는 동시에 왕과 세자에 대한 학문적인 자문과 교육과 각종 학술 연구, 서적 편찬을 담당하는 기구로 뛰어난 학자들을 많이 배출했다.

황희, 맹사성, 허조 등의 청백리를 등용하여 의정부의 독주를 견제했고, 왕립 학술 기관으로 확장하여 변계량, 신숙주, 정인지, 성삼문, 최항 등의 학자를 등용하여 정치 자문, 왕실 교육, 서적 편찬 등 이상적 유교 정치를 구현했다. 또 궁내에 정음청을 설치, 성삼문, 신숙주, 최항 등으로 하여금 1443년(세종 25년) 한글을 창제하게 하고 1446년 이를 반포했다.

세종 대왕의 영정

 과학 기술에 대한 업적으로는 1442년 이천, 장영실로 하여금 강우량 분포 측정기인 측우기를 제작하게 했는데, 이는 1639년 이탈리아의 B. 가스텔리가 발명한 측우기보다 약 200년이나 앞선 것이었다. 궁중에 과학관인 흠경각을 설치하여 과학 기구를 비치하도록 했고, 혼천의, 해시계, 물시계 등 각종 과학 기구를 발명했다. 세종대왕 재위 기간 동안의 조선은 우리 민족의 역사에서 가장 훌륭한 유교 정치, 찬란한 문화가 이룩된 시대로 평가 받는다.

첨성대

 첨성대는 신라 선덕 여왕(재위 632~647) 때 세워진 것으

로 거의 원형 그대로 보존된, 동양에서 가장 오래된 천문대이다. 국보 제31호로 지정되었다.

첨성대는 그 자체가 매우 과학적인 건축물이며 돌 하나하나에 상징적 의미가 담겨 있다는 데 그 의미를 찾아볼 수 있다.

첨성대를 쌓은 돌의 수는 모두 361개 반이며 음력으로 따진 1년의 날수와 같다. 원기둥꼴로 쌓은 석단은 27단인데, 맨 위의 정자 모양의 돌까지 따지면 모두 28단으로 기본 별자리 28수를 상징한다. 석단 중간의 네모난 창 아래위 12단의 석단은 12달 24절기를 의미하며 첨성대 꼭대기의 우물 정자 모양의 돌은 신라 자오선의 표준이 되었고 각 면이 정확히 동서남북의 방위를 가리킨다. 또 둥근 하늘과 네모난 땅을 상징하는 사각형과 원형이 조화롭게 합쳐져 안정적이고 편안한 느낌을 주어 과학적으로나 미학적으로나 완벽한 건축물로 손꼽힌다.

새로운 금속 활자

장영실은 천문과 기상에 관한 연구뿐만 아니라 새로운 기계 제작에도 열중했다. 그것이 모두 나라를 위하는 일이라고 생각했던 것이다.

그러던 어느 날, 세종대왕은 장영실과 이천에게 또 다른 어명을 내렸다.

"모든 백성들이 언제든 글을 읽으려면 무엇보다 충분한 양의 책이 만들어져야 하지 않겠소? 그러니 지금 사용하는 것보다 보기 좋고 더욱 많은 책을 찍어 낼 수 있는 활자를

만들어 보도록 하시오."

세종대왕의 명을 받고 어전에서 나온 장영실은 이천을 바라보며 공손하게 말했다.

"나리께서는 오래전부터 인쇄술에 대해 연구를 해 오셨으니 저에게도 많은 가르침을 주십시오."

이천은 원래 쇠붙이를 다루는 데 남다른 재주가 있어 장영실이 궁궐에 오기 전에 이미 세종대왕의 명을 받아 활자를 개량한 적이 있었다.

"가르침을 줄 정도는 아니지만, 이번 기회에 상감마마의 뜻에 어긋남이 없는 좋은 활자를 만들어 보세."

"네, 열심히 하겠습니다."

장영실이 다부지게 대답하자, 이천은 그 마음을 알겠다는 듯이 빙그레 웃었다.

우리나라에서 금속 활자가 처음 만들어진 것은 1234년(고려 고종 21년)의 일이었다.

그것은 최윤의가 엮은 <고금상정예문>이라는 책에 사용되었는데, 금속 활자로서는 세계 최초의 발명이었다.

그 금속 활자는 독일의 구텐베르크가 만든 활자보다 216년이나 앞서 있었다.

"나리께서는 이미 오래전에 경자자를 만드셨지요?"

장영실은 이천의 얼굴을 가만히 살폈다.

"계미자는 인쇄를 할 때 여러 가지 불편한 점이 많았어. 상감마마께서는 그걸 아시고는 편리하고 더 좋은 활자를 만들어 보라고 하신 거야."

이천은 지난 일을 회상하듯 잠시 생각에 잠겼다.

'역시 훌륭한 어른이시군. 그렇다면 나는 좀 더 편리한 활자를 만들어야 할 텐데…….'

"모두 나리께서 만드신 경자자는 글자의 크기가 똑같고 정육면체 모양으로 되어 있어 인쇄를 하는 데 매우 편리하다고 말하더군요."

이천이 1420년에 만든 경자자는 그 이전에 쓰이던 활자와 달리 꿀벌이 집을 지을 때 분비하는 물질인 밀랍을 사용하지 않아도 활자가 크게 흔들리지 않았다.

더구나 경자자는 하루에 스무 장이 넘게 찍을 수 있었는

데 이것 또한 그 당시로는 매우 놀라운 발전이었다.

장영실은 세종대왕이 왜 경자자를 두고 또다시 새로운 활자를 만들어 보라고 했을까 곰곰이 생각해 보았다.

'그래, 한 번에 여러 권의 책을 만들어 내려면 활자가 많이 있어야 되는데 경자자는 그렇지 못해.'

그 후, 장영실은 이천과 자주 상의했다.

"상감마마께서는 깨끗한 활자로 여러 권의 책을 동시에 만들어 내야만 백성들이 자주 글을 접할 수 있다고 말씀하셨는데, 과연 어떻게 해야 할까요?"

장영실의 말에 이천이 심각한 표정을 지었다.

"그래서 나도 깊이 생각해 보았는데, 계미자는 크기가 똑같지 않아 불편했고 경자자는 투박한 점이 흠인 것 같아."

이천은 그동안 자신이 연구해 왔던 과정을 다시 한 번 되새겨 보았다.

"그렇다면 이번에는 그 활자들이 가지고 있는 나쁜 점을 하나하나 고치면 되겠군요?"

장영실은 그때부터 머리를 싸매고 새로운 활자를 만들어

내는 데 온 정성을 쏟았다.

우선 계미자에 대해 생각해 보았다.

'계미자의 경우 활자 수는 많았지만 그 모양과 크기가 고르지 못했어. 인쇄할 때도 활자와 활자 사이에 밀랍을 부어 흔들리지 않게 해야만 했지. 그런데 아쉽게도 그 밀랍이란 게 몇 번 인쇄하지 않아 파손되면서 활자가 밀려 엉망이 되어 버리곤 했단 말이야.'

장영실은 곰곰이 생각한 끝에 계미자의 단점을 파악해 냈다. 스스로 고민하고 문제점을 발견해 새로운 활자를 만들어 내기 위한 숙제를 열심히 풀어 나갔던 것이다.

'그렇다면 경자자는 무엇이 문제일까?'

장영실은 이천이 만든 경자자를 다시 한 번 머릿속에 떠올려 보았다.

'경자자는 활자의 크기가 똑같지. 게다가 밀랍을 쓰지 않아도 움직이지 않아 수십 장씩 인쇄할 수 있어. 하지만 활자 모양이 날렵하지 못해. 옳지, 그렇다면 계미자와 경자자의 장점만을 결합해 새로운 활자를 만들면 되겠다.'

1434년(세종 16년)에 장영실과 이천이 동으로 만든 활자본인 갑인자본

 장영실은 자기의 생각을 이천에게 말하고, 새로운 활자를 하나하나 만들어 갔다.
 그리하여 1434년(세종 16년), 마침내 새 활자를 만들어 냈다. 이때가 갑인년이었기 때문에 활자의 이름도 '갑인자'라고 붙였다.
 "이렇게 훌륭한 활자가 나올 줄이야……."
 이천은 울컥 치솟는 감격에 말끝이 흐려졌다.
 "활자도 20만 자나 됩니다."
 장영실과 이천이 만든 갑인자는 글자 모양이 선명할 뿐만 아니라, 하루에 마흔 장도 넘게 인쇄를 할 수 있어 그 능

률도 경자자의 두 배가 넘었다. 더구나 20만 자나 되는 큰 활자와 작은 활자를 마음대로 섞어 쓸 수 있었기 때문에 거의 완벽에 가까운 인쇄술이었던 것이다.

세종대왕은 장영실과 이천이 만든 갑인자를 보고 너무나 기뻐했다.

"새 활자를 만드느라 정말 고생 많았소. 이 활자를 보니 모양도 좋고 크기도 적당해 앞으로 여러 가지 책을 만드는 데 무척 편리할 것 같구려."

세종대왕은 새로운 활자가 만들어지자, 많은 사람이 보다 쉽게 지식을 넓힐 수 있도록 여러 권의 책을 만들어 냈다.

이 갑인자로 찍어 낸 책은 오늘날까지 남아 있어 장영실의 뛰어난 솜씨를 다시 한 번 돌아보게 한다.

장영실은 새로운 활자를 만들어 낸 이후에도 계속 노력해 물시계를 발명했다.

물시계가 만들어지기 전에는 시간을 알아보는 데 어려움이 무척 많았다. 해가 나야만 그림자의 길이를 재서 시간을 알아냈기 때문에 불편한 점이 한둘이 아니었다.

그런데 장영실이 물시계를 만들어 냈으니 사람들의 기쁨은 이루 말할 수 없을 정도였다.

"역시 장영실이야!"

"암, 그렇고말고."

그러나 장영실은 자신이 만든 물시계를 써 보고 금세 불편함을 느꼈다.

왜냐하면 큰 물항아리 옆에 사람이 지켜 서 있다가 물이 떨어지면 물을 채워 주고, 받아진 물의 양을 측정해서 시간이 되면 종을 쳐서 알려야 했기 때문이다.

때로는 사람이 계속 지켜 서 있다가도 깜빡 잊고 종을 치지 않아 난처한 경우가 생기기도 했다.

장영실은 자기가 만들어 놓은 물시계를 이리저리 살펴보았다. 그 물시계는 항아리에 구멍을 뚫고 물을 부어 일정한 양의 물방울이 똑똑 떨어지게 만든 것이었다.

'사람의 손이 안 가도 때가 되면 자동으로 시간을 알려 주게 할 수는 없을까?'

그런 다음 물방울의 양을 재어 시간을 알아내는 것이다.

"그렇지!"

그래서 장영실은 사람이 지켜 서 있지 않아도 때가 되면 스스로 시간을 알려 주는 물시계를 꼭 만들어야겠다고 생각했다.

그리하여 장영실은 밥을 먹을 때도, 잠자리에 들어서도 줄곧 물시계를 어떻게 만들 것인가만 생각했다.

'사람의 손길이 필요 없는 물시계라…….'

'아, 마음이 답답하도다! 송나라와 아라비아에서도 만들었는데 우리라고 못 만들라는 법은 없지 않은가!'

사람들은 '과연 장영실이 이번에도 만들 수 있을까' 하고 잔뜩 기대했다.

장영실은 다른 나라에서는 어떻게 물시계를 만들었나 여러 가지 책을 찾아보며 열심히 연구했다.

그리하여 송나라에서는 1091년에 소송이라는 사람이 물레바퀴의 힘으로 돌아가는 자동 물시계를 만든 것을 알아냈다. 그러나 그 구조가 너무 복잡하여 소송이 죽은 뒤에는 누구도 그와 같은 자동 물시계를 만들지 못한다는 것이었다.

그 뒤, 1300년경에 아라비아 사람들도 자동 물시계를 만들어 냈다.

그 물시계는 쇠로 만든 동그란 물체가 아래로 떨어지면서 시간을 알리게 되어 있었다.

'그런데 왜 그 후에는 아무도 만들지 못했지?'

장영실은 곰곰이 생각해 보았다.

송나라의 경우 자동 물시계를 만든 소송이 죽은 뒤 아무도 다시 만들지 못했다는 것이 도무지 이해되지 않았다.

장영실은 하루라도 빨리 더 좋은 자동 물시계를 만들어야겠다는 신념으로 가득 차 있었다.

게다가 자동 물시계는 백성들에게 꼭 필요한 것이라며 잘 만들어 보라고 한 세종대왕의 격려는 무엇보다 큰 힘이 되었다. 그러나 한 번도 실물을 직접 보지 못한 채 책만을 참고해서 만들려고 하니 여간 어려운 것이 아니었다.

'이거 너무 어려운데…….'

장영실은 가슴이 답답해졌다. 몇 번의 실패를 거듭하고 나자 온몸의 힘이 쭉 빠지는 듯했다.

'안 돼! 내가 이렇게 나약한 생각을 하다니…….'

장영실은 스스로 채찍질해 가며 자동 물시계를 만드는 데 온 정성을 쏟았다.

그리하여 밤낮을 잊어 가며 물시계를 만들던 어느 날, 마침내 그 결실을 보게 되었다.

"됐어, 성공이야!"

장영실은 가슴 속 깊은 곳에서 벅차오르는 감격을 억누르며 눈을 크게 뜨고 자동 물시계를 살펴보았다.

계속되는 실패에도 포기하지 않고 끈질기게 노력한 장영실은 1434년에 자동 물시계를 만들어 내고야 말았던 것이다. 그것이 바로 '자격루*'였다.

자격루는 물의 힘으로 수레바퀴가 돌아가도록 만들어

자격루

1434년, 장영실과 김빈이 2년 동안의 노력 끝에 만든 자동 물시계. 자격루의 제작은 조선조에 물시계를 기계 시계로 발전시키는 기술적 향상에 크게 이바지했고, 시간 측정에 정확성을 기하는 데에도 많은 공헌을 했다. 이 자동 물시계는 경복궁의 보루각에 설치하여 사용되었다.

자동 물시계인 보루각 자격루

졌다.

그러면 자동으로 낮에는 종을 울리고, 밤에는 북 소리를 내면서 시간을 알려 주었던 것이다.

자격루가 완성되었다는 소식을 들은 세종대왕은 몸소 장영실을 찾았다.

"과연 훌륭하오! 이 자격루가 만들어진 것은 온 나라의 기쁨이니 경복궁 남쪽에 보루각을 지어 설치하도록 하시오. 정말 수고 많았소."

세종대왕은 성대한 잔치를 베풀어 장영실의 노고를 위로해 주었다.

'상감마마께서 내게 베풀어 주신 은혜를 다 갚으려면 끝이 없겠구나. 이 목숨이 다하는 날까지 더 많은 연구를 해서 상감마마의 마음을 기쁘게 해 드리자!'

그동안 베풀어 준 세종대왕의 은혜를 가슴속 깊이 새기고 있던 장영실은 용광로처럼 뜨겁게 투지를 불태웠다.

장영실은 그 후에도 결코 게으름을 피우지 않았다.

무엇이든 새로운 것을 만들어 보겠다는 집념이 장영실을

가만히 있게 하지 않았다.

'저 해를 이용해서 시간을 알 수 있는 새로운 방법은 뭐 없을까?'

장영실은 해를 이용해서 효과적으로 시간을 알 수 있는 방법을 다시 연구하기 시작했다.

그동안 기상 관측을 할 수 있는 여러 가지 기구들을 이천과 함께 꾸준히 발명해 왔던 장영실이 해시계를 만들어 내는 것은 그리 어렵지 않은 일이었다.

그러던 어느 날이었다.

"이 정도면 지금의 간의가 갖고 있는 단점을 보충할 수 있지 않겠습니까?"

장영실이 새로 만든 간의를 이천에게 건네주며 말했다. 이천은 새로운 간의를 받아 들고 자세히 살폈다.

"역시 자네 솜씨는 뛰어나군그래. 이건 간편해서 가지고 다니기가 아주 좋겠어."

장영실과 이천은 곧장 세종대왕 앞으로 나아갔다.

"전하, 높은 산에 올라가서도 여러 가지 관측을 할 수 있도록 새로운 간의를 만들었사옵니다."

"정확한 관측도를 작성하기 위해서는 이것을 들고 곳곳에 있는 산에 올라가 관측을 해야 할 것이옵니다."

세종대왕은 두 사람의 말을 듣고 무척 기뻐했다.

이런 관측기들이 지금까지 남아 있다면 세계가 깜짝 놀랄 정도의 값진 발명품들이 되었을 것이다.

또한 장영실은 누구나 들고 다니면서 시간을 볼 수 있는 휴대용 해시계도 만들었다. 그것은 바로 '현주일구'였다.

"이게 현주일구라는 해시계입니다. 시표(시계 바늘)가 표면과 수직이 되도록 기둥에 추를 달았습니다."

"한데 이것은 너무 복잡한 것 같아. 좀 더 간편한 해시계를 만들어 보도록 하세."

정남일구

정남일구는 아주 정밀한 해시계로 현주일구와 천평일구에 간의의 특징까지 합친 것이다. 정남일구는 규형으로 해의 그림자를 재어 정남 방향을 알 수 있도록 했다. 규표는 땅에 수직 막대를 세우고 그림자를 재서 시간과 계절을 아는 장치이다.

혼천의가 달린 해시계의 일종인 정남일구

그렇게 해서 더욱 간편하게 만들어진 해시계가 '천평일구'였다. 얼마 후, 장영실은 현주일구와 천평일구의 특징을 살린 '정남일구*'를 만들어 냈다.

"정남일구도 훌륭하지만, 여러 백성이 함께 볼 수 있는 큰 시계를 하나 만들었으면 하오."

누구보다도 백성들을 위하는 세종대왕의 분부에 장영실은 새로운 해시계인 '앙부일구'를 다시 만들었다.

앙부일구는 동그란 물체를 반으로 자른 대접과 같은 모양이었다.

"이 앙부일구는 동지에서 하지에 이르는 모든 절기*를 표시했으며, 가운데 박힌 바늘의 그림자를 읽으면 바로 시간을 알 수 있사옵니다."

절기

음력에서 태양의 위치에 따라 1년을 24기로 나눈 계절의 구분. 중국 역법은 달의 위상 변화를 기준으로 하여 역일을 정해 나가는데, 이 역법만으로는 계절의 구분이 뚜렷하지 않았다. 그래서 특별한 약속 아래 입춘, 우수, 경칩, 춘분 등 24기의 절기를 정했다.

24절기를 알 수 있도록 만들어진 규표

"참으로 훌륭하오!"

세종대왕은 앙부일구를 보고 매우 흡족해했다.

앙부일구는 즉시 종묘 남쪽에 돌을 쌓고 그 위에 설치되었다.

이것이야말로 우리나라 최초의 공중 시계로 1437년(세종 19년)에 완성되었다.

하지만 장영실은 그것에 만족하지 않고 더욱 열심히 연구하여 '일성정시의'라는 기구를 또다시 만들었다.

자격루의 복잡한 원리를 깊이 공부한 덕분인지 새로운 발명품들이 잇달아 탄생했던 것이다.

일성정시의는 천체관측 기구로서 태양과 별이 움직이는 거리와 시간을 측정하는 데에 이용되었다.

"이젠 밤낮을 가리지 않고 언제든지 시간을 알 수 있게 되었사옵니다."

"와! 역시 대단하군."

장영실의 말에 사람들은 깜짝 놀랐다. 장영실이 만든 것은 모두 새롭고 신기했던 것이다.

"거 참, 신기하구먼."

이렇듯 장영실의 재주가 널리 알려지자 예전에는 장영실을 업신여기던 대신들도 태도가 조금씩 달라지기 시작했다.

차츰 장영실의 뛰어난 재주와 그의 끊임없는 노력을 인정하지 않을 수가 없게 되었다.

역사 속으로

구텐베르크(1397~1468)

독일 인쇄술의 창시자이며 근대 활판 인쇄술의 발명자이다.

1397년 독일 마인츠에서 출생했고 1434~1444년경 마인츠를 떠나서 스트라스부르에 있을 때 인쇄술을 발명하기 시작했다. 마인츠로 돌아와서 1450년경에 금은 세공사 J. 푸스트와 함께 인쇄 공장을 만들어 달력이나 면죄부 등을 인쇄했다. 2~3년 후에는 기술이 향상되어 <36행 성서>와 <42행 성서>를 인쇄할 수 있게 되었는데 이것이 바로 <구텐베르크 성서>이다.

그가 발명한 활판 인쇄술은 큰 변화 없이 20세기까지 쓰이고

구텐베르크가 인쇄한 <42행 성서>

있는데 그의 발명품의 특징은 많은 활자를 정확히 주조할 수 있도록 자모들이 각인된 펀치 모형(활자의 앞면을 주조하는 데 사용한 금속)을 부착한 주형, 활자 합금, 포도주 제조 및 제지 뽑?때 쓰이는 프레스를 응용해서 만든 인쇄기, 유성 인쇄 잉크 등을 들 수 있다. 이러한 특징은 중국이나 우리나라의 인쇄술, 또는 여러 종류의 목판에 활자를 찍었던 유럽의 인쇄 기술에서는 볼 수 없는 것이다.

앙부일구

앙부일구는 조선 세종 때 만들어진 해시계 중의 하나이다. 1434년(세종 16년) 세종의 명을 받아 장영실 등이 만들었는데 현재는 남아 있지 않고 18세기 전후의 작품들이 남아 보물 제845호로 지정되었다.

앙부일구는 반구형의 대접과 같은 모양을 하고 있어 앙부일구란 이름이 붙었다. 그것은 청동으로 만든 독특한 구조의 해시계로서 중국에서 원대에 만든 것과는 꼭 같지는 않다. 동지에서 하

앙부일구

지에 이르는 24절기를 13선의 계절선(위선)으로 나타내고 이에 수직으로 시각선(자오선)을 그었고 시표는 북극을 향하여 비스듬히 꽂았다. 특히 글을 모르는 백성을 위해서 시신(時神)을 그려 넣어 시간을 알게 했다는 점도 특이하다.

 이 해시계는 2개를 만들어 혜정교와 종묘 남쪽 거리에 석대를 쌓아 그 위에 설치했는데 우리나라 최초의 공중 시계였다는 데 커다란 의의를 가진다. <경성부사> 1권에 의하면 종묘 남쪽 거리에 있는 앙부일구 석대는 그 근처 땅속에 묻혀 있다가 종로 전차 선로 부설 공사 때 발견되어 탑골공원(파고다 공원)으로 옮겨 놓았다고 한다.

세계 최초의 측우기

'시간을 알리는 자격루와 천체의 움직임을 관측하는 혼천의를 하나로 합치면 어떻게 될까? 그렇게 하면 계절이 변하는 것과 시간이 흘러가는 것을 한눈에 알아볼 수 있겠지…….'

장영실은 또 하나의 새로운 발명품을 만들기 위해 끊임없이 연구했다.

1438년(세종 20년) 장영실은 마음먹었던 대로 자격루와 혼천의의 역할을 함께 해내는 '옥루기륜'을 발명했다.

"상감마마, 장영실이 계절과 시간의 변화를 한눈에 알아볼 수 있는 옥루를 완성했다고 하옵니다."

그러자 세종대왕은 장영실이 옥루를 만들어 낼 것이라고 확신했다는 듯이 곧바로 어명을 내렸다.

"경복궁 천추전 서쪽 정원에 흠경각이라는 천문 기상대를 세우고, 그 안에 옥루를 설치하도록 하시오!"

그리하여 대신들은 서둘러 흠경각 안에 2미터 높이의 산을 만들고 옥루를 설치했다.

"오, 정말 아름다운 물시계요. 덧없이 흘러가는 시간과 사계절의 변화를 한눈에 보게 된다니, 놀랍구려!"

세종대왕은 흠경각에 세워진 옥루를 보고 매우 감탄했다.

"이 물시계는 자연의 이치를 깨달을 수 있도록 만들었사옵니다. 저기 금으로 만든 해는 새벽에 동쪽 산 위로 떠올라 시간이 흐르는 대로 따라서 움직이다가 저녁에는 서쪽 산으로 숨게 되옵니다."

장영실은 세종대왕에게 옥루에 대해 자세히 설명했다.

"그리고 해 아래쪽에 금으로 만들어진 종을 들고 동서남

북 사방에 서 있는 네 명의 예쁜 여자들은 열두 시간을 알리는 선녀로서 시간에 맞춰 종을 흔들게 만들어 놓았사옵니다."

그것은 한 마디로 꿈속에서나 볼 수 있을 것 같은 환상적인 장치였다.

그 정교한 기술은 과학이 발달한 오늘날의 사람들도 놀라지 않을 수 없을 정도였다.

세종대왕은 감격에 겨워 옥루에서 눈길을 떼지 않았다. 산 주위에 그려진 사계절의 경치도 너무나 아름다워 보였다.

이 모든 장치를 자동으로 움직이게 하는 힘은 경복궁 뒤뜰에 흐르는 시냇물을 끌어들여서 이용했다.

"참으로 놀랍도다! 하늘과 땅의 신비를 이토록 아름답게 조화시키다니……."

세종대왕은 아름다운 옥루의 모습에 취해 넋을 잃고 바라보았다.

"그대는 하늘이 보낸 사람이오."

"황공하옵니다. 상감마마."

장영실은 세종대왕이 몹시 기뻐하는 것을 보자 가슴이 벅차오르는 것을 느꼈다.

"그대의 이런 많은 업적은 후세에 길이길이 남을 것이오. 정말 볼수록 놀랍고 신기하구려."

장영실의 노력은 그 후에도 계속되었다.

하루는 연구에 몰두하고 있는 장영실을 세종대왕이 불렀다.

"경도 알고 있다시피 우리 백성들은 주로 농사를 지어 생계를 유지하고 있소. 농사를 잘 짓기 위해서는 비의 양이 참으로 중요한데, 어느 해는 가뭄 때문에 흉년이 드는가 하면 홍수로 농사를 망치기도 하는 것이 우리의 현실이오. 그래서 과인은 비가 오는 양을 정확히 잴 수 있는 우량계가 필요하다고 생각하오. 경이 그것을 한번 만들어 보시오."

세종대왕의 생각은 오직 하늘에만 의존하던 당시의 농사법에 비추어 볼 때 매우 앞선 것이었다.

그 전에도 세종대왕은 집현전 학사들에게 비가 내리는 양을 연구하도록 한 적이 있었다.

그래서 비의 양을 미우, 세우, 소우, 하우, 새우, 취우, 대우, 폭우 등 여덟 가지로 구분하여 측정했었다.

하지만 세종대왕은 그것에 만족하지 않고, 비의 양을 정확하게 잴 수 있는 우량계를 만들어 보라고 장영실에게 다시 명을 내렸던 것이다.

'어떻게 해야 비가 오는 양을 잴 수 있을까……?'

장영실은 머리를 싸매고 갖은 궁리를 했다. 그렇지만 뾰족한 생각이 떠오르지 않았다. 우량계의 모형조차도 눈앞에 그려지지 않아 가슴이 답답했다.

장영실은 비 오는 소리가 들리면 곧장 밖으로 달려 나갔다.

그의 머릿속은 온통 비에 관한 생각으로 가득 차 있었으나 우량계를 만드는 것 또한 쉬운 일은 아니었다.

"아, 비가 오는구나! 그런데 이 비의 양을 어떻게 정확히 잴 수 있을까?"

"감기 걸리십니다요, 나리."

어느 날, 억수같이 비가 퍼붓자 장영실은 또다시 뛰쳐 나갔다.

'이 비의 양을 어떻게 잴 수 있을까?'

장대비를 그대로 맞으면서 장영실은 오로지 우량계에 대한 생각뿐이었다.

'그래, 맞아! 빗물을 받을 수 있는 그릇부터 만들자.'

오랜 시간 이 궁리 저 궁리를 하던 장영실은 순간적으로 물항아리에 생각이 미쳤다.

'왜 진작 그 생각을 못 했을까?'

장영실은 여러 가지 모양의 그릇을 만들어 빗물을 받아 보았다. 그래야만 비가 온 양을 효과적으로 측정할 그릇을 찾아 낼 수 있을 것 같았다.

결국 장영실은 몇 차례의 실험 끝에 비가 온 양을 정확히 잴 수 있는 그릇을 찾아 냈다.

장영실은 뛸 듯이 기뻤다. 드디어 비가 얼마나 왔는지를 정확히 알 수 있게 되었던 것이다. 장영실은 곧바로 그 그릇 모양의 기구를 정교하게 만들었다.

그것은 높이 41.2센티미터, 지름 16.5센티미터의 둥근 통

모양이었다. 그 둥근 통에 고인 빗물의 깊이를 잴 수 있는 20.6센티미터의 자도 만들었다.

그래서 어느 때 비가 와도 완벽하게 강우량*을 잴 수 있게 되었다.

'어서 상감마마께 보여 드려야지.'

장영실은 자기가 만든 우량계를 세종대왕에게 가지고 갔다.

"정말 훌륭하오! 이 우량계를 여러 개 똑같이 만들어 각 고을에 설치하고 강우량을 재서 보고하도록 하시오."

세종대왕은 장영실 덕분에 또 하나의 고민거리가 해결되어 너무나 즐거웠다.

이 우량계가 바로 1442년(세종 24년)에 만들어져 전국에

강우량과 강수량의 차이점

강우량은 흔히 일정 기간 동안에 내린 비의 양을 말한다. 그러나 강수량은 비, 눈, 우박 등이 지상에 내린 양을 말하며 강수가 지표면을 흐르거나 땅속에 침투하지 않고 괸 경우의 깊이로 나타낸다.

기상청 풍력계

설치되었던 '측우기'이다.

 그때부터 측우기를 농업 발전에 실제로 사용하여 백성들이 가뭄이나 홍수 걱정을 덜게 되었다. 더구나 이 측우기는 이탈리아의 카스텔리가 만든 것보다 무려 197년이나 앞선 세계 최초의 발명품이었다.

 현재 여러 나라에서 쓰고 있는 우량계도 장영실이 발명한 것과 거의 같은 성능을 갖고 있으니, 측우기가 얼마나 과학적이었는지 알 수 있다.

 세종대왕은 측우기를 발명한 장영실의 벼슬을 정3품인 상호군으로 높여 주었다.

 그리고 몸소 측우대에 나가 강우량을 재어 보기도 했다.

 장영실은 거기에 만족하지 않고 측우기를 이용할 수 있는 또 다른 방법을 찾아보았다.

 '그래, 강물이나 냇물의 깊이를 잴 수 있다면, 물이 넘치는 것을 미리 막을 수 있겠구나……'

 장영실의 상상력은 끝이 없었다.

 그 결과 장영실은 또다시 세계 최초의 발명품으로 자랑

할 만한 양수표를 만드는 데 성공했다.

"바로 이것입니다, 상감마마."

양수표는 강과 호수, 바다 등의 깊이를 재기 위한 눈금이 있는 기둥을 말하며 수표라고도 했다.

"이 수표를 잘 만들어 청계천과 한강에 세우도록 하시오."

세종대왕은 수표를 세우기 위해 청계천에 새로운 다리를 놓았는데, 그 다리가 바로 수표교였다.

한동안 많은 사람이 건너다니던 수표교는 청계천이 완전히 복개되면서 서울의 장충단 공원으로 옮겨져 보존되고 있다.

장영실이 만든 수표를 세우기 위해 놓여진 다리인 수표교

1442년(세종 24년) 어느 봄날, 세종대왕은 장영실을 조용히 불렀다.

"경은 무슨 일이든지 훌륭하게 해내고 있어 과인의 마음이 얼마나 든든한지 모르오. 한데 요즘 내가 타고 다니는 가마가 영 마음에 들지 않소. 겉모양은 물론이고 여러 가지 장식도 모두 중국 것을 그대로 본떠서 만들었기 때문이오. 이제 우리의 멋을 살려 독창적인 솜씨로 만든 가마를 타고 싶소."

장영실은 세종대왕의 분부를 받고 무척 기뻤다.

조선의 독특한 멋을 살린 가마를 꼭 만들어 세종대왕을 기쁘게 해 주겠다고 다짐했다. 장영실은 세종대왕이 탈 새 가마를 만드는 데 온 정성을 쏟았다.

우선 여러 가지 가마의 모양을 그림으로 그려 보았다.

'이건 내가 봐도 마음에 들지 않아. 어떤 모양이 좋을까?'

장영실은 가마의 모양을 생각해 내느라고 밤이 새는 것도 몰랐다.

설계도는 몇 번이나 고쳐진 끝에 겨우 완성되었다.

'그래, 이 정도면 됐어!'

장영실은 몇 날 며칠을 뜬눈으로 새우다시피 하며 만든 설계도를 들고 세종대왕에게 갔다.

"상감마마께서 타실 새 가마의 설계도를 가져왔습니다."

"오, 과연 놀랍구려! 어서 이 설계도대로 가마를 만들도록 하시오."

세종대왕은 설계도를 보고 매우 만족스러워했다.

장영실은 그날부터 곧장 가마를 만들기 시작했다.

가마 만들 재료를 직접 준비하고, 목수들 옆에서 잠시도 자리를 뜨지 않았다. 그리고 조금이라도 잘못된 곳이 있으면 그 자리에서 손수 다듬고 확인했다.

"처음엔 잘 몰랐는데 완성하고 보니 정말 훌륭한 가마입니다."

목수들도 자신들이 만든 가마를 보고 깜짝 놀랐다. 처음에는 평범한 가마 같았지만, 보면 볼수록 은근한 멋이 있었다.

"역시 상호군님의 솜씨는 따를 사람이 없어!"

"나도 이런 가마는 처음 봐. 누가 뭐래도 상호군님은 정말 훌륭한 분이야."

장영실도 완성된 가마가 매우 만족스러웠다. 모든 것이 자기가 계획한 대로 잘 진행되었다고 생각했다. 중국식 가마와는 전혀 다른 우리 고유의 모양과 색채를 띤 가마였다.

장영실이 모든 작업이 끝났다고 아뢰자, 세종대왕은 몸소 가마를 살펴보고 매우 기뻐했다.

"이건 가마가 아니라 예술 작품 같구려. 늘 하는 말이지만 그대의 솜씨는 참으로 놀랍소."

"전하의 은혜에 비하면 아무것도 아니옵니다."

장영실은 세종대왕의 칭찬에 몸 둘 바를 몰랐다.

"내일 이 가마를 타고 종묘에 행차할 것이니 준비해 두도록 하시오."

이튿날, 세종대왕은 장영실이 만든 가마를 타고 많은 신하와 함께 종묘로 향했다.

원래 임금의 궁궐 밖 행차는 그리 흔하지 않은 데다, 신기한 가마를 구경하느라 많은 사람이 모여들었다.

그런데 세종대왕이 탄 가마가 얼마쯤 갔을 때였다.

갑자기 교군꾼 한 사람이 돌부리에 발이 걸려 푹 고꾸라졌다. 그 순간 가마가 중심을 잃으면서 부서져 나가고 세종대왕은 땅바닥에 떨어지고 말았다.

"아이쿠!"

"아니, 상감마마! 괜찮으시옵니까? 속히 궁궐로 드시옵소서."

이 일로 대궐 안은 발칵 뒤집혔다. 임금의 가마를 망가뜨린 것은 그 누구라도, 아무리 실수라고 하더라도 용서받을 수 없는 엄청난 죄였다.

"여봐라, 당장 교군꾼과 가마를 만든 장영실을 잡아들이도록 하라!"

당시는 임금의 몸을 다치게 하거나 위태롭게 하면 죄 중에서도 가장 큰 죄로 다루던 때였다.

교군꾼들은 당장 곤장을 맞고 옥에 갇혔다. 장영실 또한 순식간에 오랏줄에 묶여 의금부로 끌려갔다.

"네 이놈! 하찮은 종놈에게 벼슬까지 내리며 은혜를 베푸

신 상감마마께 그 무슨 무엄한 짓이냐? 네 죄가 얼마나 큰 줄 알겠느냐?"

"네, 죽을죄를 지었습니다."

장영실은 달리 할 말이 없었다. 세종대왕의 은혜에 보답하기 위해 온 정성을 다해 만든 가마가 부서졌으니, 자신도 어이가 없었던 것이다.

이 소식을 전해 들은 세종대왕은 근심에 싸였다.

'한평생 나라를 위해 몸을 바친 과학자인데……. 내가 공연히 가마를 만들라고 했구나.'

세종대왕은 곰곰이 생각한 끝에 도승지를 불렀다.

"나라의 법은 누구나 지켜야 하는 것이므로 상호군의 죄를 면할 수는 없겠지요. 하지만 그가 심혈을 기울여 만든 가마라는 것을 과인이 잘 알고 있으니, 가능한 한 큰 벌을 내리지 않았으면 하오."

도승지는 세종대왕의 뜻을 의금부에 알렸다.

그러자 임금의 심중을 헤아린 금부도사는 장영실에게 호통을 쳤다.

"네 죄로 봐서는 백번 죽어 마땅하나, 상감마마께서 특별히 분부를 내리셨기에 목숨만은 살려 주겠다. 여봐라, 이자에게 곤장 팔십 대를 치도록 하라!"
 세종대왕의 성은에 감격한 장영실의 두 눈에서는 하염없이 눈물이 흘러내렸다.
 '상감마마께서 이렇게 나를 보살펴 주신다니…….'
 곤장 팔십 대를 맞은 장영실은 곧바로 감옥에 갇혔다.
 며칠 후, 세종대왕은 감옥에 갇혀 있는 장영실을 몸소 찾아왔다.
 "상호군, 얼마나 고생이 많소?"
 "아, 상감마마!"
 장영실은 얼른 무릎을 꿇고 엎드렸다.
 "과인을 도와 나라의 발전을 위해 몸 바쳐 온 그대를 벌해야 한다니……. 그러나 짐도 법을 어길 수는 없어 그대를 즉시 풀어 주지는 못하오. 고생이 되더라도 조금만 참고 기다리시오."
 세종대왕은 눈물을 글썽이며 장영실을 위로했다.

"상감마마, 황공하옵니다."

장영실의 두 눈에서도 구슬 같은 뜨거운 눈물이 쉴 새 없이 흘러내렸다.

그 후, 장영실이 어디서 어떻게 살았는지 전혀 알 길이 없다. 또 언제 세상을 떠났는지도 전해지지 않고 있다.

그러나 꾸밈없는 성품과 자신이 가진 뛰어난 재주를 마음껏 발휘해 이루어 놓은 그의 수많은 발명품은 지금도 우리나라의 과학사에 남아 빛을 발하고 있다.

장영실의 생애

조선 시대의 대표적인 과학자 장영실은 어머니가 관기였기 때문에 자신도 관가의 노비가 되어야 했으나, 어릴 적부터 뛰어난 손재주로 사람들을 놀라게 했다.

그의 대표적인 발명품으로는 세종대왕의 명을 받들어 만든 천문 관측기구인 간의대와 혼천의, 금속 활자인 갑인자, 물시계인 자격루와 해시계, 측우기 등이 있는데 그의 발명품들은 백성들이 더욱 편리한 생활을 할 수 있도록 하는데에 큰 공을 세웠다.

조선 시대에 왕과 왕비의 위패를 모시던 사당인 종묘

장영실
(蔣英實 1390년경~미상)

1390년경(미상)

경상도 동래현에서 관기의 아들로 태어났다.

열 살에 관가의 노비가 되었는데 손재주를 발휘하여 기계를 다루는 일을 도맡아서 했다. 또한 경상도 지방에 심한 가뭄이 들자 10리 밖에 있는 강물을 끌어들여 가뭄을 해결하는 지혜를 발휘했다.

1423년

동래 현감의 추천으로 세종대왕에게 발탁되어 상의원 별좌의 벼슬을 얻고 노예 신분에서 벗어났다. 그 후 세종대왕의 명을 받아 천문 기계에 관한 연구를 하러 중국에 다녀왔다.

1432년

중추원사 이천을 도와 우리나라 최초의 천문 관측기구인 간의대제작에 착수하고 각종 천문 기구 제작을 감독했다.

1433년

천체의 운행과 그 위치를 관측함으로써 시간을 알 수 있는 혼천의를 완성하고 그 공으로 정4품 벼슬인 호군에 올랐다. 그 후 경복궁의 경회루 북쪽에 천문 관측대의 간의대를 만들어 천문 연구에 몰두했다.

1434년

동활자인 경자자의 결함을 보완한 금속 활자인 갑인자를 만들어 인쇄 능률을 향상시켰다. 또한 김빈과 함께 우리나라 최초의 자동 물시계인 보루각의 자격루를 만들어 전국의 표준 시간을 정했다.

1437년

6년에 걸쳐 천체 관측용 대·소 간의, 휴대용 해시계인 현주일구와 천평일구, 자석을 사용하지 않고도 남북의 방향은 물론 그림자로 시간을 알 수 있는 정남일구, 공중 시계인 앙부일구, 낮과 밤의 시간을 잴 수 있는 일성 정시의, 그림자의 길이로 태양의 시차를 관측할 수 있는 규표 등을 만들었다.

1438년

자격루와 혼천의의 역할을 동시에 할 수 있는 옥루를 만들어 흠경각에 세웠다.

1441년

세계 최초의 우량계인 측우기를 발명했으며 그 공으로 정3품인 상호군의 벼슬에 올랐다. 또한 물의 높낮이를 재는 수표를 만들어 청계천 다리에 세우고 하천의 범람을 미리 알 수 있게 했다.

1442년
임금이 탈 가마를 만들었으나 세종대왕이 이 가마를 타고 종묘 행차에 나섰을 때 가마가 부서졌다. 이 일로 인하여 의금부에 잡혀 곤장을 맞고 벼슬 자리에서 쫓겨났다.

(미상)
그 후의 행적은 아무에게도 알려지지 않은 채 세상을 떠났다.